JN411279

홍시 얼굴

심지시선 028

홍시 얼굴

2015년 1월 1일 초판 1쇄 발행
2015년 7월 30일 초판 2쇄 발행

지은이 전의수
펴낸이 윤영진
편 집 함순례
디자인 함광일 이경훈
홍 보 한천규
펴낸곳 도서출판 심지
등록 제 253호
주소 300-812 대전광역시 동구 대전로 867번길 46
전화 042 635 9942
팩스 042 635 9941
전자우편 simji42@hanmail.net

ISBN 978-89-6627-079-8 03810

홍시 얼굴

전의수 시집

차례

제2부

제3부

제4부

제1부

실개미의 꿈

천년 동굴 속같이 까만 밤
박쥐도 꿈길 떠나간
숨 막히는 산허리 바위 위
하얀 실개미 한 마리

따순 봄날 애써 다다라
까만 밤안개 헤치며 가는 길
벗겨진 발가죽 잰걸음에도
달콤한 향기는 보이지 않네

작은 새의 먹이
산 속 왜바람에 날려갈지
빗방울에 전신으로 밀리면서
두 손 들어 길 찾는 목마름

봄꽃 시들기 전
차가운 밤길 어두움 끝에서
무지개다리 저 넘어
따순 둥지에 이르기를

노을의 앞자락

올해에도 가을이 죽었다
핏기 사글어
바람에 나뒹굴다
하얀 눈꽃 내리니
그 주검 겨울이 묻는다

호화롭던 봄은
아카시아 향에 취해 죽고
머슴스럽던 여름은
주렁 열매 키우다가 죽더니
넘친 곳간 교만하던 그는
포만 쾌락 즐기다 죽었다

넘치는 탐진치貪瞋癡 부끄러움
홑저고리 비집는 엄동
무정한 세월 바다에 잠기고
따지기 딛고 다가올 새 얼굴

하얀 도화지 봄 처녀 수 놓네

나자로 할머니

내 속 진짜 나
천사일지 악마일지

내 속 생명의 피
따스한지 차가운지

내 하루 삶의 모습
유연한지 초조한지

지나칠 때마다
조바심 일게 하던

동전 바구니 옆에 놓았던
나자로 할머니 오늘은 없네

혹여, 천국 문 들어갔으면
인색한 내 행색 어찌 대할까

그날이 오면

잔잔한 미소 속에
두 눈에 맺힌 이슬방울
기쁨과 평화 고인다

아직 까만 여명
허공 보고 빙긋이 웃으며
모든 고리를 풀어 흩는다
이슬 속엔 식솔들 모습
미소 속엔 사랑의 그림자들

누가 깨웠나 찰나 여름밤 잠

그날이 오면
그때가 되면
가벼이 나르리
가을 낮 고추잠자리처럼

금강

비단물결 강줄기
성벽 이룬 높고 푸른 준령

산 강 정겹게 어우르니
하늘 더불어 평화 흐르네

산을 심은 큰 뿌리
물에 잠겨 더위 식히고

높은 산 무성한 숲
물밑에 더욱 푸른데

조각배 작은 촌로
고기 낚는 마음

산마루 흐르는 운무 속엔
신선들 그림자 한가롭네

빗방울 소곡

높푸른 그곳 꿈속에 그리다가
하얀 선녀 되어 올라온 하늘

바람 구름 일구어 땅에 뿌리니
놋날 씨줄 되어 다시 온 숲속

낙엽 덮힌 흙속 달콤한 꿈 깨니
가느란 은빛 가르마 되었네

졸졸졸 즐거이 콧노래 부르면
풀벌레 찌이찌이 화답해 오고

은행나무 푸른 나비 군무 예쁜데
땀 젖은 발 담그는 철부지

파란 꿈 키우며 흐르는 먼 길
온갖 고뇌 보듬는 바다 되었으면

차창 밖 그림들

비 갠 초겨울 하늘
파란 바닷물 닮고
거리 은행잎 더욱 노란데

볏 가마 나르는 농부
한여름 고달픔 잊고
털털털 경운기의
콧노래에 어깨 들썩들썩

파아란 무 배추 밭은
오월의 싱그러움
논두렁의 볏가리는
때국의 만리장성이네

차창에 스치는 아련한 필름
그리운 얼굴들 겹쳐 지난다
긴 댕기머리 착한 순이도

가을

이글거리는 태양이
염분을 다 짜냈다
용트림하는 홍수가
찌는 더위 씻어 갔다

초복 중복 말복
어느새 처서 백로
성근 밤송이 비집고
반짝반짝 빛나는 밤톨
복주머니 떠나 세상을 향한다

번득이는 석류 보석
열 달 태반 끊고
으앙 낳는 새 생명처럼
미쁘고 존귀하게 번득인다

자꾸 길어지는 산 그림자

새벽달의 하소연

신령도 잠 구렁에 빠진 삼경
밤하늘 하얀 파수꾼
새벽 말동무로 들였네

휘영청 보름달 조붓한 고샅길
달그림자 밟으며 오가넌
엄마 등 따순 정취 아련한데

차츰 기우는 몸 촉촉한 눈시울
영원히 밤의 해日이고 싶다며
사그라지는 설움 쫑쫑거리네

내달 보름 도로 만월 될 터
다시 못 올 울엄마 보다 낫다고
토닥여 달래보는 꿈결

가로수 농성

드르륵 저승사자 발걸음
요란한 전기톱 굉음 속에
하늘 향한 자식들 비명

실눈 회초리 차츰 굵어
잎새 피우고 열매 맺으며
그늘 나눔 공덕 크건만

엄동 버틴 보람 없이 잘리니
늙은 애비 부지깽이처럼 서서
찢어지는 마음 긴 한숨만 높네

저 푸른 하늘 언제 이를까
하얀 피눈물 주울~줄 흘리며
세파 향한 비장의 메아리
싹틔우기 거부 단명농성 귀띔 주네

누렁이 스승

잡귀 막느라 싸릿문 앞
황토 무더기 쌓아 놓고
기쁨에 찬 촌노

핏물 속에서도 이내 홀로 일어서
어미 젖무덤 치받더니
노간주나무 코뚤이 하고 나면
논 갈고 짐 나르는 큰 일꾼

우람하고 등 굽은 체구
느리지만 믿음직한 품성
걸어 갈 때마다 논밭 넓혀주는
살, 뼈, 가죽, 모두 주는 덕성

오직 주인 위한 희생뿐
작은 다툼마저 없으니
차라리 스승 같은 걸음새여라
아득한 고향 저편

오월의 향수

보리 긴 수염 늘어뜨릴 때
아지랑이 풋내 실어 나르고
허공 솟았던 종달새
은밀한 제 둥지 알을 찾는다

삼짇날 옛집 찾아온 제비
추녀 안에 집터 닦고
보금자리 깃털 물어 오는데
어미 닭 마당에 여유롭다

산 밑 초가 집
밤하늘 하얀 별들 총총하고
청개구리 불효 한이 흐르는데
우리 속 돼지 꿈길 헤맨다

어린 나이 기둥 잃은 세 남매
홀어미 오롯한 사랑 평화로운데
품앗이 일그러진 내일 걱정

고상고상 어미 마음 까만 아궁이

역마살 길 떠나 사십여 년
집 나간 아들 닮은 철부지 여정
지친 몸 눕히고 꿈속 헤매지만
머 언 그림자 뿐 그 오월은 없네

먼지처럼

먼지를 닮아 볼까

햇살 빌어 큰 몸 드러내며
어둠 만나 낮아지는 지혜 있고

천덕꾸러기 육신 쌓여
홀연 큰 뫼 이루어
땅 지킴이 풀 나무 키우며

가부좌 수행 중 총채 벼락에
정 담긴 온돌방 쫓겨나면
푸른 바람 빌려 창공 노닐고

미욱한 사람들
풍선 같은 탐심에 넋 잃을 때
허공 속 티끌임 깨우쳐주는

작은 몸 침묵 깨고

색즉시공色卽是空 득도한 무소유 선각자

먼지 닮아 살아 볼까

망초꽃

화려하지도
연지곤지로 치장하지도
향기롭지도 않은
아기 손 닮은 하얀 꽃

낮에는 빨간 햇살
수줍은 얼굴로 반기고
열엿새 밤 하얀 달님 만나
환한 노란웃음 짓는 꽃

홀로이긴 너무 여린 탓에
무리지어 이룬 하얀 은하수
어제 밤엔 온달 빛 담아
무명옷 입은 순이가 되었던 꽃

왜군 올 때 무성했던 꽃이라
꾸짖던 손가락질 가슴에 새기며
낮은 곳에 나비 벌 친구 되어
방끗 반기는 초여름의 향기

홍시 얼굴

하얀 접시 탄 반가운 손님
누이 초례청 수줍은 붉은 볼

명주실 가지 꺾일 듯 춤추다
허기진 까치 별난 먹이

마실꾼 돌아간 엄동 깊은 밤
설잠 깨우는 달콤한 군것질

먼 옛날 총명한 어린 도련님
품에 숨긴 귤 닮은 아름다움

잇몸으로 즐기시던 울엄마 생각
홀로 맛볼 수 없는 이 목메임

사그는 불씨

수만리 하늘 햇님
따순 손길 꽃향내 일궈주고

시뻘건 용광로
파란 불덩이 무쇠 녹이며

참나무 장작 하얀 불꽃
새벽 언 몸 뎁혀 주는데

아궁이 속 지푸라기
따순 밥 짓고 나니

푸석한 재 깊은 곳에
야윈 짚불 은근합니다

제2부

초겨울 냇가

패기 찬 동장군 발굽소리
서릿발 엷게 디딘 날
차가운 돌계단 틈새
샛노랑 민들레 한 송이

가지 끝 마지막 나뭇잎 떨림
하얀 겹이불 덮히기 전
매겨진 몫 다하는 고난
제 십자가 진 모습 가칫스럽습니다

봄날 꿈 빨간 꽃망울 속
꿀주머니 찾아 날지만
하얀 바람에 날개짓 바쁠 뿐
철 놓친 나비 넋을 깨워줍니다

꽃살무늬 시계

손가락 호호 불어
언 귀 감싸 쥐던
하얀 칼 추위도 사글으니
차창 사이로 스며들어
가슴 간질이는 따순 바람

엄동 지낸 푸른 솔 의연한데
다퉈 피는 벚꽃 붉고
달빛 머금은 목련 은근한 향기

개나리 삐약 삐약 홍겹고
느티나무 주둥이 짹짹 힘찬데
해묵은 은행나무는 아직껏 겨울잠

시계 속 갇힌 봄꽃 나들이
꽃살 예찬 산하에 넘치는데
섬광처럼 스쳐가는 짧은 삶

해거름 풍경

푸르던 참나무 잎새
북녘 단풍 기운 받아
화려한 침묵에 잠기고

사철 푸른 뾰쪽한 솔잎
고운 색동 옷 언제 입을지
화난 입 삐쭉 내밀었네

풀섶 사이 풀무치는
찬 서리 하강 예감하여
날개 파다닥 바삐 뛰고

홍겹던 녹음잔치 잦아진 자리
텅 빈 길가 머쓱해진 나무들
여름 하늘 아쉬움에 처연한데

서산에 기우는 석양 따라
꼭대기 머물던 검은 그림자들
둥지 찾는 새들의 숨결 가쁘네

시냇길

흙탕물 휘젓고 간 자리
오색 쓰레기 동산 이루고

절개처럼 푸르고 곧던 갈대들
물결에 꺾여 누우니

청둥오리 가족
집을 잃었고

먼 쪽빛 하늘 흰 눈썹 같은 달은
구름 사이로 얼굴 묻는데

구비 도는 길 위의
할머니 휜허리 잰걸음

하늘 땅 사람

찬란한 태양
새 봄 열어 희망 피워주고
땅 위에 부드러운 흙더미
새 싹 내어 기쁨 가득한데
풋대 잃은 민초들 허둥지둥

노인네 병고에 초조한데
청춘들 젊음이 지루하고
부모들 자식걱정 뜬 눈인데
제 자녀 수발에만 손발 닳네

부자들 도둑 들까 담 쌓는데
서민들 카드 긁기 두렵고
가녀린 민초들 이봄 엄동인데
눈귀 먼 정객들 기싸움 영일 없네

하늘땅의 억겁 사람사랑
철부지 부초들 언제 깨칠까

고향 여름

마을의 파수꾼 천년 고목
검푸른 나래 하늘 가리어
허리 굽혀 논 풀 매던
구슬 땀방울 날려주고
밀대방석 야외 서당
하늘천 따지, 글소리 낭낭하던 곳

아버지 가슴 닮은 뒷동산
꾀꼬리 노래 즐겁고
장마 거쳐 간 개울엔
꼬마 붕어 꼬리 반짝이는데
젖먹이는 어미 소
꼬리 들어 쇠파리 쫓으면
송아지 얻은 할아버지 기쁨 넘치던 곳

푸른 들 띄엄띄엄 원두막
벼락 소나기 피해 주고
수박밭 새 순 치던 아저씨

시원한 들 바람 단잠 깊은데
미역 감는 아이들
풀 섶 물고기 잡이 즐기며
높푸른 꿈 키워오던 곳

참회

곳간도 뒤주안도
거미줄만 얼기설기
밀 보리 아직 푸르고
높푸른 아지랑이
하루가 일 년

설 영근 감자알 일구고
푸른 보리 찧은 보리개떡
소나무 속살 긁어 허기 메웠네

꽈배기 창자 늘어진 어깨
이고 지고 넘어가던
열두 구비 높은 고갯길

눈자위 움푹 파인 코흘리개
눈물 닦아주던 검은 어미 손
넋 잃은 눈망울 이슬 채였는데

지글지글 삼겹 누런 고깃살
얼큰한 취기 뭉개지는 하얀 밥
솟는 배 힘겨운 이 죄 어쩌나

어느 주검의 가르침

광활한 우주 속
작은 별로
한 귀퉁이 머물다가
부모 은덕으로
고환 속 정자 되고
어미 속 난자 만나니
천국 자궁 속 열 달 지나
작은 우주 이 땅에 왔네

응애, 울며 나와
아장아장 땅 딛고
티격태격 혼돈 속 허둥지둥
밟아온 날 어제 같거늘
가야할 길 불 꺼진 터널
어디로 얼마나 가야하는지
내일 근심 하루해가 천년이네

굳은 몸 화로 지나면

헌 몽당 빗자루로
녹슨 쓰레받기에 담길 티끌
오로지,
겸손하는 나날이기를

열무겉절이

열무김치 오이소박이
그리고 열무겉절이
초여름 밥상 모습

어금니 깊은 곳에서 올라오는
고향의 파란 내음
어머니의 체취가 물씬하다

황금 보리밭 물결 일고
먼- 산 녹음 푸르러질 때면
버드나무에 개구리 꼬이던 냇가

어린 꿈을 키운 곳
열무겉절이 짙은 향기 속
소 풀 먹이던 긴 뚝방
올 여름 거기엔 누가 있을지

피정길

올레 길가 검은 돌들의 무덤
쌓인 숱한 사연들
둥근 돌 가는 실 구멍 따라
참 사랑 올올히 얽혀 이었고

한라산이 토해 내린
용광로 닮은 심연 불덩이
바다 끝 하늘 닿은 수평선엔
하얗게 피어나는 연무꽃다발

포말 뭍 만남의 사랑 노래
철썩 사르르 달콤한 키스 신
바다에 떨어진 수많은 별들
물 위에 소곤소곤 향수 젓는데

하늘 바다 산의 어울림
올레길 피정 숨소리들 상쾌하고
질펀한 자락 소중한 생명들
오늘 삶에 감사한 기쁨의 노래

숨바꼭질

하얀 저고리 검은 치마
길게 느린 옻칠 머리칼
온달처럼 넉넉하던 얼굴
정겨운 자매 살았네

선녀 된 자매
둥근 달 속에 둥지 짓고
오손 도손 정겨웁더니
홀연 달 속 자취 감췄네

양상군자 떼어 갔나
토끼도령 허기 채웠나
빨간 십자가 꼭지 시이소
떨어질까 기우뚱

보고픈 누이들 숨은 곳 찾아
허둥지둥 헤메였더니
이승 못 잊고 실개천 내려
반달 속 노니는 두 선녀들

재의 수요일

이마에 재 얹고 비는 마음

내일 해 다시 떠오름도
밤하늘 달과 별 비춤도
산 들 초목 더불어 있음도
천국 영생 믿고 사는 기쁨도
당신이 주신 큰 은총임 깨달아
감사하며 살아가게 하소서

이마에 재 얹고 비는 기도

고뇌 뫼처럼 쌓여도
뜨거운 태양 온누리를 태워도
캄캄한 밤길 허덕일 때도
비바람 회오리 몰아쳐도
여린 몸에 깊은 병 덮쳐 와도
당신 오실 날 깨어 기다리며
겸손스레 살아가게 하소서

눈의 은총

검게 얼룩진 발자국
그믐밤 달 숨기듯 지우고
교만 탐욕 찌든 때
마른 가랑잎처럼 태우며

길게 드리웠던 어두운 그림자
하얗게 잊어버리고
새 하얀 눈 종이 위
착한 꿈 그려 채우라시네

눈길 무심코 걸으면
넘어지기 쉬운 일
세상길 평탄해 보여도
뚜벅뚜벅 걸으라시며

당신 사랑 가득 담긴
양털 모습 하얀 꽃송이
온누리 가득 채워주시네

희망 넘치는 새해 아침
평화로운 오늘 허락하시고
삶의 참 지혜 깨우치시는
당신은 참 사랑이십니다

아가의 마음

나무 속에는
물감장수할머니 살고 있나보다
요술쟁이할머니 숨어 있나보다
나뭇가지 속 피도
흐르는 시냇물도 하얀데
나무들 봄엔 푸른 옷 입고
개나리는 노란 꽃을
목련은 하얀 꽃을 피우더니
시계 재깍재깍 가을에는
은행 노란열매를
배나무 황금빛 과일을
사과 빨간 능금을 매달고
산에 식구들 울긋불긋
예쁜 색동옷을 입는다
나무들 속에는
물감장수할머니 숨어 있나보다
요술쟁이할머니 살고 있나보다
내 예쁜 마음속에도

물감장수할머니
요술쟁이할머니 살았으면 좋겠다

이어짐

두 살 배기
예쁜 손자
장보러 간
엄마 찾는 울음에

주름 패인
늙은 할애비
등 굽게 살다 가신
어미 생각 눈물이 글썽

이놈 자라
어른 되면
이 몸 낙엽지고 없으리니
그때, 뉘 내 맘 알꼬

맨몸의 나이테

흙으로 살과 뼈 빚어지고
숨결 넣어 인간 되니
울음 안고 태어난 삶

달 기울고 해 저물어
굵어지던 나이테 썩어가니
본디 흙으로 돌아가는 길

맨몸 나와 얻을 삼베옷
돈 주머니 없이 가는 것을
늙어 가난을 뉘 탓 하리오

하늘에 뿌려본 숱한 물감들
새 그림 위해 다 지우고
쓰고 찢고 다시 써 보는 고뇌

에파타

눈 먼 이 갈망
빛 보게 하시고
중풍 앓는 이 간구
걸어가게 하신 분
'에파타' 한 말씀에
어둡던 귀 뚫리고
굳었던 혀 풀렸네

온전한 눈 귀 혀 가져
은총 받은 어린 양들
까만 탐욕 마음 가득 차니
듣지도 못하고 보이지도 않네

사랑이신 하느님
우매한 양들 살피시어
딱한 사연 듣는 귀 열리고
어둠 헤쳐가는 눈 트이며
생명 말씀 전하는 입 열리어

그믐밤 촛불로 새로 나게 하소서

한로

살갗 움츠러드는 새벽녘
입 삐뚤어진 모기 한 마리
귓전에 벼락을 내려
고운 꿈을 깨우내요

살 데이는 폭염 탓에
만날 수 없던 드라큐라
어디 있다가 이 사경에
먹이 찾아 나섰나요

닿는 살 통쾌히 뚫을 양
윙—윙 등등한 기세
머잖아 서릿발 내리면
여린 몸 어찌할는지

언제 주시렵니까

영원한 생명의 씨앗
"네가 가진 것 팔아
가난한 이들에게 주어라"

꾸밈 병 든 옛 예언자들에
어질고 순박한 젊은이
의기 넘쳐 의연하더니

귀한 생명의 한 말씀에
정신 혼미하고 다리 휘청하니
큰 재물 따라 다시 돌아가네

하늘에 보물 쌓는 일
영복소 가는 바른 길임을
언제 깨우쳐 돌아 올까나

탐욕 덜고 참 그릇 쓰일 날
주여, 언제 주시렵니까

제3부

뉘어진 나무

여름 지난 비탈길가
다정한 숲 동무들
키 재기 겨루듯
창공 닿을 듯 당당하더니

비 바람에
비탈자리 눕혀지고
형제들 하얀 눈물 맞으며
토막토막 잘리어 있네

등 굽은 거북 바위
난쟁이 모습 한숨 크더니
도륙된 주검 한스러움
화무십일홍 가르침 새기네

빗속에 들리는 말씀

천둥 비 알알에 담겨
아침 올올이 보내온 소식
유리창에 부딪히며
다정한 목소리 닦아옵니다

얼마나 허망 하였더냐
얼마나 원망은 또 하였더냐
성찬은 너 못 본 채
이른 아침 눈길 밟으며
살며시 떠나와 미안하구나

슬퍼하지 마라
내 마음 네가 잘 아는 일
더 멀리 가기엔 힘이 부치고
육신도 영혼도 쇠잔함이라

기필코 내 먼저 와야 하는 곳
꿈에 그리던 내 고향 아니더냐

힘겨웠지만 보람도 있던 소풍 길
가벼이 마치고 돌아 왔구나
너 여행 끝날 여기서 만나리니…

빗살 속 편지 읽으며
붉어진 눈물 하늘로 향하네

눈물

주룩 주우룩 장대비
무더위 삽시에 휘몰고
화살처럼 날아와서
까만 가슴 꽂혀 스미네

구름 위 꽃동네 보고픈 님
애틋한 맘 담아 내리는 빗물
자식 보살피는 영혼의 사연
흠뻑 맞으며 반겨 새기네

이 땅까지 전해온 따스한 숨결
살갗 닿는 방울방울
뼛속 가지가지로 스미니
얼굴 적시는 물 어느 물인가

하늘과 바다

풀벌레 화음 상서로운데
장맛비로 옷 갈아입은 산자락

파란 하늘 너른 바다
두둥실 너울거리고
하얀 태양 물속 잠기니
다정한 평화의 미소

꽃구름 잿빛 물감 머금고
작은 산새 한 쌍
비단잠자리 한가히 나는데
두 마리 물고긴 보이지 않고
푸른 바다는 갈릴 듯 말듯

하늘이 바다인가
바다가 하늘인가
사랑 공정 창공에 보이네

고뇌

바다 위 작은 별마저
먹구름이 삼켜버리고
밀려온 파도가
뱃머리로 넘어드는 밤

길 잃은 작은 목선
망망대해 어둠에 눌려
가슴 심연부터
둥근 불덩이 솟아올라
작은 몸을 달구는데

이 고뇌 풀어내고
이 어둠 밝혀주어
편안한 뱃길 예표 되어줄
등대 작은 불빛 그립네

산선물

탐진치貪瞋癡까마귀 마음
목화송이 닮아볼 요량
맨손 휘저으며 친구를 찾네

산 오르는 여린 민초
활짝 열어 반기는 너른 품
평화스런 파란 얼굴 미쁘네

곧은 나무 희망을
둥근 바위 믿음을
부드러운 흙 사랑 가르치니

희망 믿음 사랑
풍성한 선물 가득 얻으니
둥지 향하는 새털 마음

둥구나무

모퉁이 돌아 동네 어귀 들어서면
팔 벌려 반겨주는 옛 친구

수백 년 묵묵히 마을 지키는
골목 수문대장 서 있네

나았다 돌아간 수많은 인초들
낡은 나이테에 올올이 새기고

둥지 떠나 객지 나돌던 자식들
주검 되어 옴에 눈물짓는 정겨움

봄엔 새싹 돋워 희망 돋우며
날짐승 새 생명 낳게 하고

한여름 푸짐한 그늘 쉼 자리
농삿꾼 삼베등걸 말려주며

삼동엔 늙어 헐은 깊은 골방에
올빼미 구렁이 겨울잠 재워주네

초립동이 나그네 눈 귀 어눌하니
동무 품에 잠들 날 가까이 있네

동병상련

무거운 비바람 지난
쪽빛 하늘 아래 숲속
매미들 구성진 가락

뿌리 젖 먹여준
긴 세월 큰 은혜
둥지 떠날 채비
서러움 쌓이는데

칠보단장 무지개
긴 날개 뻗어와
먼 길 떠날 자식
여린 등 보듬어 달래주네

입추 지나니
찬바람 일어오면
너도 나도
듣게 될 회한의 상여소리

천년 네비

삼복 마루 빨간 햇살 쌓인
비탈길 작은 모퉁이
요순 네비게이션 자리 지키네

사주 작명 택일 혼인상담
어둠 속 헤매는 무거운 삶
햇불 높여 새길 밝혀 준다네

짧은 산매미의 생애
피 맺은 가슴 꼬아 복채 읊지만
하늘의 몫이라 손사래 치네

바람도 땀 내음에 절여진 듯
흐느적 흐느적 넋을 잃은 채
산자락 휘돌아 흘러 앉는데

천년 손때 기름밴 네비게이션
더위 취해 횡설수설 뒤틀린 먼 길
추운 마음 나그네 발길만 더디네

천사하강

당신의 일꾼 중 올곧은 천사 뽑아
저희에게 내려 주시니

환희 하늘을 찌르고
감사의 기쁨 고을에 넘칩니다

부모 빌려 타고 건너온
당신의 종이었던 어여쁜 천사

하얀 마음 통통한 복숭아 볼에서
큰 일꾼 될 꿈과 희망을 읽습니다

세상 창조사업 또 하나의 씨알
주님 성령 새 생명 감싸주시어

몸과 마음 강건하게 자라나
사랑 평화 정의 으뜸되게 하소서

노욕

마루에 쭈-욱 엎드려
그림을 그린다
큰 동그라미
그 안에 작은 동그라미 두 개
가로 세로 막대기 그려놓고
'아빠 엄마라' 며 맘껏 뽐낸다

도화지 한 장에
빗줄을 가득
비가 많이 내린단다
꽃 한 송이 그리고는
비가 와서 꽃이 좋아한단다

고사리 손길
하얀 가슴에 세상을 짓는다
마냥 행복한 귀여운 아가
흰 눈보다 하얀 머릿속

할애비는 닮을 수 없을지

믿음

너와 나는 백제의 후예
의자왕의 지혜
계백의 용맹
붉게 이어져 온 맥박
이 피가 너와 나의 모태

너는 환성歡城의 육십일세 손
순박하고 어진 조상들
후덕한 품성 얼 모여
하얗게 이어져 온 땅
이 얼은 너와 나의 영혼

너는 이 가家의 대들보
하느님 넘치는 은총 속에
세상의 촛불 소금 누룩으로
이웃 보듬는 겨자나무 되어
온 누리에 우뚝 서리라

새 천년 등대 그리며

그때는
나라를 구해야 한다고
장롱 깊이 숨겨 두었던
작은 백일 반지도 내놓았지

나라 사랑하는 정성 모여
나라 살림 튼튼해졌다니
돌 반지 쾌척 흐뭇함에
한강 기적 이룬 자긍심 높았는데

어인 일로
나라 살림 백척간두라니
키웠던 자존심 울분으로 바뀌고
돌 백일 반지 눈앞에 아쉽네

순진한 필부들
정치꾼들 파당 다툼
억대 농락 수심인면
나랏길 밝힐 등대 그리네

보문산

물결 켜켜이 일렁여
잔잔한 삶 기우뚱거릴 때
깊은 산이 귓전에 속삭여요
납덩이처럼 무거운 오름길도 있지만
짚신같이 가벼운 내리막도 있다고

문득, 차가운 한마디 말에
내 마음의 창에 금이 갔을 때
산은 내게 일러줘요
작은 새들 휘파람 소리에 귀 열고
산들 바람 숨결로 귓전 씻으라고

누군가 던진 돌멩이 하나로
가슴에 푸른 멍이 깊어질 때
산은 숲길 저 안쪽에서 나를 불러요
키 큰 리기다소나무 햇볕 훼방하지만
난쟁이 도토리나무도 자란다고

산은
늘 낯익은 침묵으로 날 보듬고
끝날엔 말없이 잠자리 내어주는
아버지 넉넉한 모습 늘 거기 있어요

꽃잎 놀이

파란 바람에 찢긴 조각
모퉁이 가득 쌓인
연분홍 화신들의 주검

꽃 나들이 원앙들
한움큼 쥐어
허공에 날려 희롱하네

봄가을 몇 바퀴 휘저으면
핏기 잃고 등 굽을
파란 색깔의 미쁜 사랑들

북녘서 살금 다가올 찬바람
칼로 못 막을 하얀 서릿발
까맣게 잊혀진 찰나의 행복

밤바다

캄캄한 수평선
흰 물결 소리
귓전에 쌓이고

모래밭까지 달려와
고개를 묻는
파도, 그리고 포말

술 취한 시객
어둠 가르는
애절한 사모곡

차디찬 바람 한 줄기
가슴속 깊이
그리움 심는데

문득 하늘 우러러
별무리 반짝이는
사랑, 그리고 눈물

꿈속 어미

하얀 눈망울 내려
온누리 뒤덮고
은하수는 종적 감추었네

서슬파란 달빛 새벽길
허기 메우려 산 내려온
어린 수노루 울음소리
조붓한 눈길에 뒹구는데

꿈속에 어미 놓친
초로의 나그네
잃은 꿈 되새기며
고향 초가삼간 찾지만
깨인 꿈길 가로막히네

잠자리 뒤척이며
까만 눈물을 흘리니
수노루 내가 되고
내가 수노루 되어 있네

제4부

노송

논산행 묵은 국도변
조그만 사찰 옆 마당
이백 살이 넘었다는 당신의
푸르고 큰 그늘

피곤한 발걸음
상처 깊은 마음까지 보듬어
살포시 안아주는
어머니의 너른 품

높은 하늘 우러러
가슴 깊은 데까지
작은 새들에게 둥지 내어주는
따뜻한 작은 마음

다시 당신 앞에 설 때
당신의 푸른 날개 영원하도록
대웅전 부처님께 나 청원하리라
미래의 힘센 나래 위해

소금 씨알

금보다 덜 귀해
소금이라 한다네
황금이 더 좋을까
소금이 더 값질까
"소금이 짠 맛을 잃으면
맛을 낼 수 없다"는 말씀

내 검은 마음 밭에
반짝이는 사랑 알갱이
소금 씨앗 심었네

만나는 모든 이
애인처럼 반기며
볼품없는 사람
스승 대하듯 조신하고
화 내오는 사람
부모처럼 응대하며…

잿빛 마음 깊숙하게
소금뿌리 깊게 뻗어
하루 마침 점 찍은 후
빙긋 흐뭇한 미소 있기를

봄 숲

겨우내 칩거하다 열린 숲길
겨울을 걸어온 나무들이
어깨를 으스대며 서 있네

숲에는
가칫해진 살결이라도 보듬듯
화려한 합창
딱따구리 따따따
산비둘기 구구구
콩새 한 마리 찌찌찌

두터운 털옷을 입고
춥다 춥다며 건너온
삼동이
문득 부끄럽네

솔나무 가지 흔드는
맑은 바람에

동네 대중탕

종이 뱃가죽 등에 붙고
물 속 흐느적대는
팔순 노인 허벅지살

머리칼 옅은 서릿발 얹고
살아온 역경 숨긴 둥근 뱃살
지천명의 오그라진 애비 걱정

청룡 무늬 등 배 휘어감아
고희 이순 뛰어 넘을 듯
젊은 사내 갑옷 푸른 패기

아버지 팔에 번쩍 들려
뜨겁다 발버둥 쳐 엄마 찾는
풋고추 귀욤이 휘둥그런 두 눈

수치심 지운 아담의 후예
욕조 속 흔들리는 여린 부초들
세상 풍진 다 벗긴 우유빛 아침

기쁜 작별

고사리 손 연둣빛 초립동
큰 일꾼 되길 비는 손길처럼
방울방울 찬비가 내린다

꿈길 걷던 나무들
화들짝 실눈 비비고 일어나
얼싸 반겨 온몸 적시는데

바람의 손끝에 흔들리는 꽃잎들
떠나간 봄볕이 그리운지
눈 흘겨 짐짓 뒤돌아 본다

그때 문득 귓전에 얹히는 소리
— 괜찮다
— 진자리 열매 맺는다

허공을 가르는 맑은 산울림에
꽃잎들 꼬—옥 쥐었던 힘 놓고
비 젖는 하늘로 몸을 던진다

새벽 기도

계룡산 어스름 새벽길
엷은 햇살 비집고
나무 사이로 스며드는
향초 연기
여인의 애잔한 기도

힘겨운 세파 앞에서
아들 딸 위해 바치는
지극한 정성
아버지 같은 둥근 바위 앞

잠깬 산허리
그윽한 안개처럼 휘도는데

바람 한 줄기
콧등에 맺힌 작은 이슬방울 타고
산등성이 넘어오는 아침 해는
온갖 애환 보듬어주는
어머니의 따스한 손길

허전한 귀가

봄 숨결 그윽한 수덕사
고승의 염불 소리 들리는 듯
홀연 귓전 때리는
이 뭐꼬!

벚꽃나무가지 흔드는 비바람 속
눈 부라린 사천왕 앞에서
곱송그리는 분홍 꽃 마음

굽은 산등성이 맞닿은 아래
엄숙한 대웅전 안
가느다란 목탁소리 뒤져도
하얀 제 넋은 어디로 숨었나

내걸린 오색 연등에는
때 묻은 욕심만 환하고
가슴 골짜기에는
왜바람만 가득한데

문득 뒤돌아보니
빈 마음만 한 줄기 안개 되어
까맣게 피어 오르네

묵은 씨앗

파수꾼에 들킬세라
산등성 몰래 넘고
너른 강 사뿐히 건너며
구름에 실린 빗방울 타고
벌떼처럼 몰려오는
봄의 조각들

연분홍 새 옷 진달래
봉긋이 웃음 흘리고
돌 틈새 짧은 목 민들레
목청 돋워 나비 부르며
개나리 달린 황금방울
헐벗은 탐심貪心 부추키는데

오색 화려한 펴즐 놀이
봄마다 즐겨 하지만
사글은 영혼 일깨워
묵은 씨앗 되 틔우는
당신은 부활의 백합꽃 여신

기우제 이야기

칠년대한 가문 날
산 오르는 어른들 사이
해맑은 소년
손에 우산 하나

이마 뜨거운 햇빛에
'왠 우산이냐' 며
일그러진 어른들 얼굴

먹구름 소나기 뱉어내길
두 손 비벼 기원하면서도
우산 준비 나무라는
믿음 없는 거짓 마음

정성 모아 간구하면
비 내려 주시리라 믿는
우산 든 소년에게
나 오늘 부끄러운 얼굴

노란 꽃

대지에 봄기운 불어오기에
빈방 홀로 선 성모님께
노란 화분 하나 들여
말동무 삼으라 했지요

봄 처녀 빨리 만나고파
나들이 즐기고 오니
몸 빠져나간 치마처럼
널부러져 생기를 잃은 꽃

가슴 저미는 송구스러움
구멍 찾는 생쥐 되어
물 먹이고
온기 돋우니
노란 얼굴 다시 활짝 웃네요

어느 해 소한 문턱
아들 병실 누웠을 때

추위와 허기에 시들어
하늘 가신 울엄마
저 꽃처럼 다시 필 수 없을까

시내 버스

서민들 꿈 나르는 희망 버스
하얀 몸 추스르며 구르는 눈길

기억 자 허리 닮아가는 할머니
머리칼 하얘진 할아버지
중량급 역도선수 닮은 아줌마
어른 틈새 힘겨운 초등학생
모두 힘들어 보이는 이들 뿐
검정외투 신사는 없네

병원과 약국
성애 낀 꽃집과 미장원
사랑의 집 성당과 예배당
중국 요리집과 구수한 국밥집
민초들의 정다운 사촌들
스치는 바람에 잠 길 벗어나네

도회지 너부러진 인간 극장

본디 숨김 가면극 무대
부자와 가난한 이
성한 사람 병든 사람
빼앗으려는 사람들의 탐욕만 가득

앉아 주는 예쁜 올빼미
무릎관절 끊어질 듯 구겨진 얼굴
탈 쓴 배우들 싣고
세상 속 찾아가는 납덩이 마음

마지막 자리

안개 속 숨소리들
허탈한 염불소리
애잔한 찬송노래
기진한 묵주기도
동아줄처럼 묶여
천국 향해 무겁게 흐른다

시황제 부귀 누린 이도
삼베 잠방이 누더기 삶도
팔십 노객도, 아침 출근 아비도
삶의 문양 가늠질 없이
흙으로 돌아가는 평등의 문

백옥같이 고운 살결
핏기 멈춰 굳기름 되고
얼음 지옥 갇혔다가
불길 속 사그러지니
낭자하던 울음도 가라앉는데

주먹 꼭 쥐고 나온 진자리
허둥지둥 갈지자 일장춘몽 길
비우고 베풀기 깨우쳐주는
어린 상주 빠알간 눈물

빈 그림자 하나

아침이 가득한 방
십자가 앞 꿇어
홀로 올리는 기도
생각, 말, 행동 삼가
선한 이웃으로 살기를

방 나서면
깊은 다짐 홀연 지워지고
생각은 오만
말은 화살
행동은 어둠 속에 머무네

베품, 용서, 사랑
그토록 가슴에 새겼건만
땅거미 빛 삼키고 나면
문 앞의 긴 그림자

다시 솟는 햇살 보며
애걸하는 몽매함이여

침몰한 세월호

화려한 배 안의 엉킨 초침들
잠수부의 손길 아득하기만 한데
세월호의 침몰 실종, 사망 삼백여 명

안개 물살 가르던 바다의
어린 꿈들 어디에 숨었나
샛별처럼 반짝이던 눈망울
홀연 손전화에 남긴 마지막 하소연

— 사랑해요
— 답답해요

울먹이는 신음소리
귓전 쌓이는데
누가 입 열어 말할 수 있을까
풍랑 가득한 진도 앞 바다

저 파도의 피 맺힌 침묵

어느 조사弔辭

아! 애통하도다. 검은 장마 잠시 남녘 다니러간 7월의 꼬리 끝날. 무성한 가로수 아래 애처로운 작은 한 주검. 암癌 수술을 받은 자국도, 교통사고를 당한 흔적도 없다. 햇살에 번득이는 비단 날개 고이 접은 안타까운 주검이여.

어린 시절 캄캄한 토굴집, 긴긴 세월 인고 견디고 천우신조 덕분으로 세상 구경 나섰으련만, 그 긴 역경 어찌 잊고, 이리도 쉬이 가셨는가. 나무 위의 일가친지들 구성진 조곡소리 도회지 골목으로 애잔하게 흐르니, 온 동네가 슬픔 속에 하얗게 물들었구나.

아! 이 슬픔 어찌할까. 강압 수사 받았는지. 악성댓글 시달렸는지. 자식홀대 견디기 힘들었는지. 장마 끝나고 하늘 높아지는 더 좋은 세상 코앞이거늘, 그 고운 목소리 실은 노래 언제 또 들을 수 있을까.

실개미 장례군단 그대 주검 에워 쌓고 숙의 중에 있으나, 내 세상 일 핑계로 영면안장 돕지 못하고, 그냥 지나치는 마음 송구 할뿐이구나. 그대 주검 앞에서 짧은 생애 마감했던 내 육친들 그리고, 허공을 휘젓는 헛수고로 한 세상 저물고 황혼길 주춤대는 이 생명, 흙으로 돌아갈 일 새기면서, 이 짧은 글로 그대 주검에 예를 갖추고자 하노라.

천지신명이시여! 불쌍한 이 매앰공, 다음 생에는 큰 바다 호령하는 왕 거북이 되어 천년 살게 하소서.

아제아제바라아제바라승아제모지사바하.

하느님 저의 간절한 기도를 들어 주소서.

송구영신

찬바람 타고 흩날리는
하얀 눈송이같이
가뿐한 끝이여

갖은 죄악 업보로
천길 나락 서성이다
천사 만난 반가움이여

교만 넘치던 검은 때
묵은 허물 벗어 버리고
새 길 열린 즐거움이여

육신 삶 지워내고
영혼 길 찾아
새 길 보는
묵은해의 끝날 밤

새해 아침 기도

활짝 열린 새로운 길
희망의 깃발 들어서네
봄 여름 가을 겨울
일월 이월 삼월
그리고 섣달로 이어지는 길

뿌연 안갯길 여정이기에
푸른 꿈 부푼 첫 발자국
실핏줄까지 젊음 넘치고
고난 헤쳐 가는 지혜 있기를

함께 뛰는 사람들
구슬 땀 닦아 주고
넘어지는 이웃들
일으켜 함께 걸으며
발바닥 부르튼 이 만나면
따순 물로 씻어주는 온정 갖기를

시집을 내면서

스무 살의 어린 면서기는 시골 작은 면사무소에서 선배 공무원들로부터 많은 사랑을 받으면서 공직생활을 시작하였다. 어느 날 같은 사무실에서 근무하는 여직원으로부터 뜻밖의 선물을 받았다. 예쁜 포장 안에는 『초원의 빛』이라는 제목을 가진 시집이 들어 있었다. '시'라는 것에 대한 아무런 감정도 없던 나는 이 생소한 선물이 어색하기만 하였다. 하지만 두 살이나 더 먹은 누나 같은 분이 선물해준 책이니 소중하게 여기며 틈틈이 읽었다. 어쩐 일인지 차츰 '시'에 대한 흥미가 커져갔다. 그러면서 때때로 흉내를 내보고는 하였다. 아마도 '시'라는 것의 알갱이 씨앗은 그때 내 가슴에 심겨지지 않았나 싶다.

40여 년의 공직 생활 동안 기회가 있을 때마다 '시' 아닌 '시'를 쓰고 그것들을 파일에 보관하는 습관이 생겼

다. 퇴직 무렵 꽤 많은 작품들이 모아져 『사막을 지나온 발자국』이라는 제목의 책을 낸 바 있다

퇴직 후 만나는 많은 사람들은 약속이라도 한 듯이 "요즈음 무엇을 하며 지내느냐?"고 물어 왔다. 그때마다 나는 자신 있는 대답을 할 수 있었다. "아! 이제 홀가분한 마음으로 시 쓰는 공부를 하면서 건강관리에 신경을 쓰며 지냅니다." 이러한 명쾌한 대답을 할 수 있는 것에 대해 나 자신 스스로 무척 흐뭇하였다. 공직을 퇴직한 후에 그동안 어설프게 써오던 '시'를 제대로 공부해야겠다는 마음이 생겼다. 마침 한밭대학교의 평생교육원에 실용문예 창작과정이 있는 것을 알게 되어 등록을 하고 교수님들의 가르침을 받았다. 2012년 4월에는 월간 《시사문단》의 신인상 공모에 응모하여 '시부문 신인상'을 수상하면서 등단이라는 결실도 거두었다. 최근에는 대전시 평생교육기관인 대전시민대학에 등록하고 글동무들과 함께 공부를 하고 있다.

이제 감히 시집이라는 것을 세상에 내놓는다. 나름 수차례 손길을 거쳐 퇴고를 해보았지만 내용이나 표현, 구성 등에서 아직은 어설프기 짝이 없어 보인다. 그럼에도 이렇게 무모(?)한 짓을 하는 것은 "그동안 시 쓰는 공부를 한다며 무슨 결과가 있어야 하지 않느냐?"고 관심을 보여

주시는 많은 분들께 답장을 드리고 싶은 마음에서이다.

또 한편으로는 이렇게 좀 부족한 것들을 책으로 만들어 낸 후에야 먼 훗날 독자들이 재미있게 읽을 수 있는 시집을 낼 수 있지 않겠는가 하는 마음에서 초경(初耕)의 첫발을 내 디뎌본다.

끝으로 이 책을 내기까지 문학적 기틀을 다져주신 한밭대학교 평생교육원의 김선호 교수님과 충남대학교의 손종호 교수님 대전대학교의 정순진 교수님, 그리고 박헌오 대전문학관장님, 손미 시인님과 이 책을 편집해 주신 함순례 시인님과 출판사 '심지'의 관계자분을 비롯한 많은 분들께 진심어린 감사의 인사를 드립니다.

2014. 12.

옥계동 서재에서 전 의 수

지은이 소개

전의수 시인
충청남도 천안시 동남구 풍세면 남관리
1948년 5월 10일 출생(음 4. 2)
천안중학교, 천안농업고등학교 졸업

〈경 력〉
1968년 4월 경기도 용인시 외사면 공직 시작
천안시 민방위과장, 기획관
충청남도 한밭도서관 총무과장
대전광역시 관광, 사회진흥, 건설행정, 시정과장
대전광역시 공무원교육원 교수부장
대전광역시 중구 총무국장
대전광역시 환경, 문화체육, 교통, 자치행정국장,
대전광역시 상수도사업본부장
2007년 2월 명예퇴임 (지방이사관)
대전광역시 시설관리공단 이사장
대전광역시 생활체육회 상임부회장
(현재) 가톨릭 대전성모병원 자원봉사원

상훈 : 정부홍조근정훈장, 녹조근정훈장